PIÈCES DE VERS,

LUES A L'INSTITUT NATIONAL,

PAR LE C.ᴇɴ COLLIN HARLEVILLE,

MEMBRE DE CET INSTITUT,

Faisant suite à MELPOMÈNE et THALIE, Poëme allégorique.

A PARIS,

DE L'IMPRIMERIE DE DIGEON,

GRANDE-RUE-VERTE, FAUBOURG HONORÉ, Nº. 1126.

Se vend chez DESENNE, Libraire, Palais Egalité, Galerie Nº. 2.
Et chez les Marchands de Nouveautés.

AN VII.

AVERTISSEMENT.

J'ai cru devoir réunir ces Pièces légères, lues à l'Institut, mais fugitives et bientôt oubliées. Je les présente avec confiance au Public, à ce Public si bon, si indulgent pour moi!... Je les lui offre, moins comme poésies soignées ou gracieuses, que comme de petits traités, utiles peut-être par leur morale saine et, j'ose le dire, leur excellente intention. Il est bon, il est plus que jamais nécessaire, je le sens, de revenir, avec une sorte d'obstination, sur ces sujets importans, de professer avec franchise, avec courage, les principes éternels de justice, d'humanité,

A 2

et même de décence , et de défendre,
contre plus d'une atteinte , la cause
des mœurs et du goût. Que n'ai-je
une voix plus forte ! O si j'avais reçu
du Ciel plus de verve et de talent
poétique ! je sens que j'en ferais bon
usage.

Puissent ces faibles essais, gage au
moins d'un cœur simple et droit , ex-
citer l'émulation de plus grands Poëtes ! et qu'il me soit permis de répéter aux jeunes écrivains , qu'ils n'ob-
tiendront d'honorables, de vrais succès , que par un but toujours moral,
un style pur et décent , et sur-tout
de l'ame et du naturel. Sans délicatesse , sans loyauté , il n'y a (et cela
est vrai par-tout), ni réputation, ni
bonheur.

LES TROIS VERTUS,

RÉCIT DIALOGUÉ,

Lu à la Séance publique , le 15 Germinal , an 7.

J E ne viens point charmer votre loisir
D'une anecdote arrangée à plaisir,
D'un conte-en-l'air ; .... non que je les condamne :
Jean La Fontaine au conte de Peau-d'Ane
Prêtoit l'oreille , et Jean s'y connaissait.
Moi, j'ai dessein de vous conter un fait,
Un entretien, simple, mais véritable,
Assez moral pour un propos de table.

En un soupé, qu'embellissaient d'ailleurs
Esprit et grace, étaient de fins railleurs,
Qui s'égayaient.... (Car le babil volage,
Leste et tranchant, le malin persiflage,
Comme autrefois, sont de mode à présent).
Ils riaient donc d'un sujet fort plaisant,
Des trois Vertus, dites *Théologales* ,
Et qu'ils faisaient rimer à *Cardinales*,
La Charité , l'Espérance et la Foi.

A 3

Tous d'applaudir comme à l'envi ; pour ,
Qui, jusqu'alors, écoutais en silence,
J'éclate enfin : « Quoi ? la Foi , l'Espérance,
» La Charité , du sarcasme et du fiel
» Seront l'objet !... Ces trois filles du Ciel ,
» Qui, sur la terre ensemble descendues,
» Du malheureux compagnes assidues ,
» Sèchent ses pleurs , affermissent ses pas ,
» Et pour charmer notre exil ici-bas ,
» Comme trois sœurs , étroitement unies ,
» Devraient par l'homme être à jamais bénies ! ».
Ce peu de mots, dit d'un ton sérieux ,
Loin d'imposer à mon cercle joyeux,
Rendit sa verve et sa gaîté plus vives.
« Je vois venir (cria l'un des convives)
» Un beau sermon, en trois points ». — Sur un mot,
Dis-je, on va donc me juger un dévot !
Je ne le suis, ni ne veux le paraître :
Religieux, il serait beau de l'être
Comme l'étaient Fénelon et Rousseau.
Je crois à Dieu, presque dès mon berceau :
Depuis , raison , instinct , reconnaissance ,
M'ont révélé sa bonté, sa puissance.

Je crois à Dieu ; mais qui de vous n'y croit ?
Je ne veux point, d'un air pesant et froid,
Embarrasser, pieusement austère,
Votre raison dans maint sombre mystère.
Je le déclare, en ce moment, à moi,
La Charité, l'Espérance, la Foi,
Ne s'offrent point comme vertus chrétiennes :
Là, se perdraient vos clartés et les miennes.
Plus réservé sur de pareils sujets,
J'en parle peu, mais je n'en ris jamais.
J'entends ici... toute ame honnête et tendre,
Tout esprit droit, avec moi peut entendre,
Par *Foi*, justice, intégrité, candeur ;
Par *Espérance*, instinct ou douce erreur,
Charme des maux les plus inconsolables ;
Par *Charité*, l'amour de ses semblables.
Toutes les trois, sous cet unique aspect ;
Ont encor droit à l'amour, au respect
Du monde entier ; et moi, foible interprète,
Mais plein, au moins, du sujet que je traite,
Je vais chanter leurs dons et leurs attraits ;
Et nous verrons si vous rirez, après !

Ce début frappe ; il fait trêve aux saillies ;
Et je crois voir deux femmes très-jolies
De l'œil, du geste, encourager ma voix.
Je reprends donc, plus hardi cette fois :

   Croire, espérer, aimer, voilà tout l'homme.
Foi, noble Foi ! car d'abord je la nomme,
Et vous savez ce que j'entends par *Foi :*
Oui, des humains c'est la plus sainte loi ;
Oui, les beaux jours de Saturne et de Rhée
Ont reposé sur cette Foi sacrée,
Sur cet instinct délicieux et pur,
Par qui, marchant d'un pas et droit et sûr,
L'homme est fidèle à tenir sa parole,
Et n'a, pas même, en un sujet frivole,
Dit un seul mot qui ne partît du cœur.
C'est cette Foi, que le grand orateur,
En son beau style, et dans sa noble phrase,
Du bien public a proclamé la base (1).
C'est elle, Horace, elle que tu chantais,
La Foi sans tache, *incorrupta fides.*

(1) *Nulla etenim res vehementiùs rempublicam continet,*
quàm fides. Cic. de officiis, lib. 2.

Pudeur , justice et vérité , lui donnent
Un nouveau lustre, à l'envi la couronnent (1) ;
Mais, pour toi-même , ô Foi ! si je t'aimais,
Je t'aime encor pour un de tes effets :
C'est de la Foi que naît la confiance.
Lorsqu'on se. sent fort de sa conscience ,
Quand sur sa Foi , ferme et solide appui ,
On se repose, ah ! de celle d'autrui
Peut-on douter ? Loin , loin cette pensée,
Une ame fière en serait trop blessée.
Sois sans reproche , et tu seras sans peur.
Moi, soupçonner un langage trompeur ?
Que mon semblable à ce point s'avilisse ?
Par le soupçon, je m'en croirais complice ;
Tel put se faire un jeu du démenti ;
Mais de ma bouche il n'est jamais sorti.
Je puis un jour me voir trompé ; n'importe:
La confiance est chez moi la plus forte ,

(1)   *Ergò quinctilium perpetuus sopor*
      Urget , quam pudor et justitia soror,
      Incorrupta fides , nuda que veritas ,
      Quandò ullum invenient parem ?

Un simple *oui*, m'est un gage sacré.

Long-tems encore, ah! toujours je croirai

A la franchise, à la reconnaissance,

A la pudeur, à la fidelle absence.

Dans ma croyance à ce point affermi,

Vous jugerez si la voix d'un ami

Pourrait jamais me trouver incrédule !..

Même en amour, je m'en ferais scrupule:

Ah ! c'est que j'aime, et j'estime, et je croi....

C'est encor-là ce que j'appelle *Foi*.

Je pris haleine: ici, nouveau silence:

On se regarde; il semble qu'on balance

Entre le rire, et l'approbation.

« Je goûte assez sa définition,

» (Dit un des chefs) je ne suis pas crédule ;

» Mais cette Foi n'est point si ridicule:

» Puis-je accueillir d'un sourire moqueur,

» Un sentiment que je trouve en mon cœur ?»

Il dit : bientôt circule un doux murmure,

Qui me paraît d'un favorable augure.

Ah ! dis-je alors, je vous ai bien jugés;

Me voilà fort, et vous m'encouragez:

Puis-je d'ailleurs avoir moins d'assurance,
Lorsque je viens vous parler d'Espérance ?
Dans tous vos cœurs n'est-elle pas aussi ?
Douce Espérance ! oui, ton nom seul, ici,
Déjà répand un baume salutaire :
Le juste Ciel te devait à la terre ;
Et tu nâquis, Ange consolateur,
Le même jour que nâquit le Malheur.
Sous divers noms, chaque peuple t'adore :
Quand tous les maux échappaient à **Pandore**,
Tu demeuras en ses fragiles mains,
Plus que jamais nécessaire aux humains.
Milton, le *Dante*, ont d'un seul trait terrible,
Peint leur Enfer : « De ce séjour horrible
» Fuit l'Espérance, elle qu'on voit par-tout ».
Je me mourais : à mon chevet, debout,
Tu sus distraire et suspendre ma peine :
Tu me montrais la guérison prochaine :
Je vis encor, pour chanter tes bienfaits.
Qui peut compter les heureux que tu fais ?
Est-il au monde un mortel qui n'espère ?
Du lambris d'or, à la simple chaumière,
Les champs, la ville, et les camps et les mers,

Tout vit d'espoir en ce vaste univers.

Voyez sourire un père de famille :

C'est que déjà , de sa naissante fille ,

Il a nommé l'époux et les enfans :

Il les voit tous , justes , bons , triomphans,

Et les bénit , à son heure dernière,

Long-tems avant qu'ils aient vu la lumière.

Prestige heureux ! voyageur et soldat,

Pendant l'orage , au plus fort du combat,

Dans l'avenir , embrassent leur patrie ,

Leurs vieux parens , leur maîtresse chérie.

Nous même , auteurs de timides essais ,

Tout en tremblant , nous croyons au succès,

Souvent bercés d'apparences légères ,

Heureux, au moins , heureux de ces chimèers.

Et vous aussi , vous tous qui m'écoutez ,

Ces plaisirs purs , vous les avez goûtés :

Dites s'il est une douceur pareille

A cette voix qui répète à l'oreille

Et d'une mère, et du foible orphelin ,

Et du vieillard penchant vers son déclin :

Espère , espère ; et lorsqu'en sa détresse ,

Las de gémir , et d'attendre sans cesse

Un meilleur sort, l'infirme, le vieillard,
L'infortuné, disent : « Il est trop tard ».
La même voix à l'espoir les convie,
Et crie : « Espère une meilleure vie ».

— Une... meilleure ?... ah, ah ? — Vous souriez,
Dis-je à mon tour ? « Quoi, vraiment ? vous croyez
» Qu'une autre vie, après la dernière heure,
» Saura renaître, et plus longue et meilleure ? »
— Oui, jeune homme, oui ! je le crois, je le sens :
C'est un besoin, pour moi, des plus pressans.
Sans cet espoir, il serait impossible
A tout mortel raisonnable et sensible,
Je ne dis pas de supporter ses maux,
Mais d'expliquer ces horribles fléaux,
Dont le fardeau pèse sur notre tête,
Le Vice heureux, la Vertu.... je m'arrête :
Une autre vie !... à ce penser si doux,
L'ame respire, et le ciel est absous.

— » Ces vérités n'ont pas besoin de preuves,
» (Me dit quelqu'un) mais sont-elles bien neuves ?
» Votre Espérance est un sujet usé ».

— D'accord : eh bien !... n'a-t-on pas épuisé
Maint autre genre , et le froid badinage ,
Et la satyre , et le libertinage :
Puisqu'on s'obstine à répéter le mal ,
Moi , je répète , et d'un courage égal ,
Des vérités pures et consolantes.

Oui , reçois-moi sous tes ailes brûlantes ,
O Charité ! viens , prête à mes accens ,
Ton feu divin , tes charmes ravissans ?...
Avec transport , Charité , je t'embrasse :
De tes deux sœurs prompte à suivre la trace ,
L'une des deux nous fait croire à l'honneur ;
L'autre promet et montre le bonheur ;
Mais toi , peut-être es-tu le bonheur même.
D'une ame aimante , ô volupté suprême !...

« Aimante ! ah ! oui... (me dit la jeune Eglé ,
» Qui m'écoutait et n'avait point parlé) :
» La Charité , dont le nom vous enflamme ,
» Qui semble empreinte en vos yeux , dans votre
          ame,
» Je la sens bien ; mais , parlons sans détour :

» N'est-ce pas là ce que l'on nomme *Amour?* »

Eglé rougit d'avoir été hardie

Jusqu'à ce point ; elle fut applaudie ;

Et puis chacun de répéter : « Mon cher,

» Ta Charité, c'est de l'amour, c'est clair ».

Quand on m'eut bien plaisanté de la sorte :

Amour, leur dis-je, ou *Charité*, qu'importe,

Pourvu qu'on aime ? Encore j'insistai :

Non, votre amour n'est pas ma Charité.

Cette tendresse, et légère et volage,

N'a qu'un printems ; la mienne n'a point d'âge,

Jamais ne s'use, et loin de s'attiédir,

Semble plus vive à son dernier soupir.

Charmant d'ailleurs, l'Amour est égoïste :

La Charité ne respire, n'existe

Que pour autrui : l'Amour veut de l'amour ;

L'Amitié même exige un doux retour :

La Charité, plus pure en son essence,

Dispenserait de la reconnaissance.

Que lui faut-il ? elle aime pour aimer,

Et se nourrit, et se sent consumer

De cette ardeur sans cesse renaissante.

Que l'on attaque une personne absente,

Qu'on la soupçonne : ah ! sa voix la défend,

Comme on ferait son père ou son enfant.

Vous la voyez chercher de préférence

Les lieux qu'habite ou Détresse , ou Souffrance,

Et faire encor des heureux , en chemin.

On la peignit *une bourse à la main* (1):

Soit. Mais son cœur, inépuisable source,

S'ouvre et s'épanche encor mieux que sa bourse;

Source... plus douce au sein de nos revers ,

Qu'un peu d'eau vive au milieu des déserts.

S'il suffisait d'aimer, pour la bien peindre !...

Je la peindrais: mais qui pourrait l'atteindre ;

Et la surprendre, et la suivre en tous lieux ,

Quand elle échappe et se dérobe aux yeux,

Quand, d'une vie aux bienfaits consacrée ,

La moitié même est peut-être ignorée ?...

Le crime éclate , et hautement agit ,

C'est la vertu qui se cache et rougit ,

Dont la pudeur craint le bruit et la pompe.

Aussi, combien le vulgaire se trompe !

Il croit le mal plus commun qu'il ne l'est :

(1) Boileau , *Lutrin* , Ch. VI.

La

La Charité le répare, et se tait.

Vincent de Paule (1), entend de la nature
Le cri plaintif et le touchant murmure :
Il en tressaille : en son sein paternel,
Il vous réchauffe, enfans qu'un sort cruel
Prive en naissant des regards de vos mères.
Ainsi, par-tout ne voyant que des frères,
De *Las-Casas* (2) le zèle dévorant,
Trop faible, hélas ! contre un fougueux torrent,
Lui déroba du moins quelques victimes.
Beau dévoûment ! transports vraiment sublimes !
Qu'on aime à voir l'énergique bonté
Ravir sa proie à la méchanceté !
Et toi, sur-tout, et toi,... quelle ame ingrate
Ne s'attendrit au seul nom d'Hyppocrate ?
Tu prodiguas pendant quatre-vingts ans,
Ton art, tes soins aux mortels languissans :

(1) Vincent de Paule entr'autres actes de bienfaisance, a
fondé le premier hospice des *Enfans-trouvés.*

(2) Qui n'a lu dans *Raynal* ces discours brûlans de charité, où l'archevêque *Las-Casas* plaidait contre ses propres
compatriotes, la cause de l'humanité ?

B

Dans tes écrits, tu ravis, tu pénètres.

Ton ombre encor.... j'en appelle à nos maîtres,

Ou nous conserve, ou nous rend la santé.

Vous tous, enfin, qui de l'humanité

Séchiez les pleurs, ou vengiez la querelle,

Titus, Henri, Fénélon, Marc-Aurèle,

Dans la mémoire, à jamais vous vivrez ;

Et vous aussi, bienfaiteurs ignorés,

Anges de paix et d'amour.... car vous l'êtes,

Soyez bénis pour tant d'œuvres discrettes :

L'œil qui voit tout, vous en garde le prix....

O Charité! pour tes vrais favoris,

Du bien qu'on fait le plus touchant salaire,

Est.... ce bien même, et celui qu'on va faire.

Plaisir céleste! ineffables douceurs!

Charité pure !.. Eh ! pourquoi de ses sœurs

La séparer ? Cette immortelle troupe

A tant de grace, et forme un si beau grouppe!

Réunissons tous leurs charmes vainqueurs :

Et.... puissions-nous les unir dans nos cœurs!

C'est à nos cœurs, mieux qu'à de vaines rimes,

De rendre hommage à trois vertus sublimes.

Heureux celui qui, ferme dans sa Foi,

Croit à l'honneur, jugeant d'autrui par soi ;
Qui se résigne à sa longue souffrance,
Et la tempère, au moins, par l'Espérance,
En qui sur-tout, l'ardente Charité,
Bénit, consacre, espoir et loyauté !

J'avais fini : nul ne prit la parole.
Plus de sourire et de babil frivole.
Sur tout le cercle, en promenant mes yeux,
Je vis couler des pleurs délicieux :
J'avais touché mon petit auditoire.
En s'en allant...., pour finir cette histoire,
On répétait, du même ton que moi,
« La Charité, l'Espérance et la Foi.

LA
GRANDE FAMILLE RÉUNIE,

ALLÉGORIE,

Lue à la première Séance publique de l'Institut national,
le 15 Germinal, an 4.

Amis de la vertu, des arts, de la patrie,
Prêterez-vous l'oreille à cette allégorie ?
Je l'espère: elle cache un fonds de vérité.
La sagesse à son but marche avec gravité ;
Et, tout en se jouant, la fiction y mène.
Le génie.... heureux choix ! s'unit à l'ame humaine.
Epurée aux rayons de ce divin flambeau,
L'ame dut n'enfanter rien que de grand, de beau,
Rien qui ne fût utile et digne de la gloire.
Aussi d'abord vit-on éclore la Mémoire.
Dès son enfance, avide et d'entendre et de voir,
Jalouse de s'instruire, et prompte à concevoir,
A retenir sur-tout attentive et fidelle,
Puis, surpassant l'espoir qu'on avoit conçu d'elle,
Bientôt elle se fraie un plus hardi chemin,

Et le compas, la plume, ou l'astrolabe, en main,
De l'espace et des tems elle perce les voiles,
Soumet à ses calculs le Soleil, les Etoiles,
Fouille au sein de la terre, et jusqu'au fond des mers,
Et parcourt, en un mot, tout ce que l'univers
Nous montre de trésors, et tout ce qu'il recèle.
Vaste carrière!.. Aussi, pour prix d'un si beau zèle,
Le Ciel, dont la Mémoire a fixé le regard,
Voulut que sur ses pas vint s'offrir.... le Hasard.
Ce seul aspect pour elle est un trait de lumière.
Emue, à sa rencontre, elle court la première;
D'une telle alliance, ô précieux effets!
Qui pourrait du Hasard compter tous les bienfaits?
La Mémoire elle-même, et cet aveu l'honore,
Sait qu'elle ignorerait et chercherait encore
Mille secrets nouveaux et mille inventions,
Rares dons du Hasard, belles productions,
Fruits exquis qu'ont mûris le tems, la patience;
Mais ce n'est qu'aux Savans à parler de science,
La Raison à son tour, l'Imagination
Réclament une place en ma narration:
Car toutes deux, du moins, si l'on en croit l'histoire,
Sont filles du Génie, ainsi que la Mémoire.

La Raison, sérieuse et grave en son maintien,
Dédaigna de bonne-heure un frivole entretien ;
Mais n'alla point du monde embrasser le systême,
Et borna son étude à descendre en soi-même,
A connaître, à la fois, sa nature et son but,
A voir son vrai bonheur, son plus noble attribut
Dans la vertu modeste : un penchant sympathique
Doucement l'attira vers la Métaphysique.
Se prêtant toutes deux un mutuel secours,
Et de l'entendement pénétrant les détours,
Grace à cette analyse, on crut voir les Idées
Naître en un plus bel ordre, et par les Sens guidées,
Et les Sens, à leur tour, par elles mieux instruits,
Se diriger l'un l'autre... aimables, dignes fruits
De la Métaphysique à la Raison unie !...
Que n'ont-elles toujours marché de compagnie!..
Mais l'une était crédule et prompte à s'égarer ;
L'autre, à plus d'un écart aimant à se livrer,
Rencontra mille écueils, et l'aveugle Problème,
Et l'Erreur à l'œil louche, et l'Esprit de systême :
Trop heureuses qu'alors sage Erudition,
Philosophie aimable et sans prétention,
Logique saine, au moins, lui servissent de guides,

Et qu'entre tant d'amis modestes et solides,
Elles sussent toujours en apprécier un,
Peu connu, bien qu'on l'ait nommé le Sens-commun,
Conseiller sûr, discret; mais que, dans son vol d'aigle,
L'Imagination n'eut pas d'abord pour règle.

Long-tems vive, legère et folle en ses humeurs,
Elle avait fait rougir le Génie et les Mœurs;
Mais elle aima le Goût, lui plut, et fut sauvée.
Dès-lors, elle devint et sage et réservée,
Et respira toujours la grace et la gaîté;
Admirable sur-tout par sa fécondité !
La douce Poésie en est le premier gage,
Et bégaie, en naissant, un gracieux langage...
Que ne m'inspire-t-elle ! On voit au même instant,
Eclore la Musique, ou plutôt on l'entend;
Et chacune des deux avec sa sœur jumelle,
Est plus aimable encor, mais aimable sans elle.
L'Eloquence, de près les suivit toutes deux;
De sa mère, d'abord, tint mille dons heureux,
Qu'avec soin la raison cultive; et l'on peut croire
Qu'elle devait aussi beaucoup à la Mémoire.
Plut au Ciel que toujours elle eût prêté sa voix

A la seule Innocence !... Ah ! que vois-je ?... A la fois,
Naissent Architecture, et Peinture, et Sculpture,
Que le Dessin précède, et que suit la Gravure ;
Tous les Beaux-Arts enfin, dressent leur atelier ;
Et d'un air, tantôt noble et tantôt familier,
La Déclamation, leur compagne fidelle,
Tour-à-tour les imite, et leur sert de modèle.
Ah ! pourquoi, sur la terre, isolés, à l'écart,
Les Beaux-Arts faisaient-ils comme une classe à part,
Semblaient-ils, séparés par un vaste intervalle,
N'admirer que de loin et Science et Morale,
N'en avoir que l'instinct !.. Mais quoi, dirai-je tout ?
La Raison, la Mémoire elles-mêmes, du Goût,
Des Arts consolateurs suivant trop peu la trace,
Avaient moins d'enjoûment, moins de feu, moins
   de grace.

Le Génie, alarmé, redoutant le Danger
De voir chacun des siens, l'un à l'autre étranger,
S'oublier.... et que sais-je ? un jour se méconnaître,
Veut que tous à ses yeux se hâtent de paraître,
Dans sa demeure auguste, et grande comme lui.
Les Beaux-Arts... (ô prodige ! ... et j'y crois au-
   jourd'hui)

D'un antique palais avaient fait comme un Temple,
Mais d'un ordre sublime, où l'œil ravi contemple
Cent chef-d'œuvres, sur-tout les objets révérés,
Offrant des traits chéris par le tems consacrés.
Du Génie, en ce lieu, tous les enfans accourent,
S'inclinent devant lui, pleins de respect l'entourent;
A leur empressement le Génie a souri:
Il jouit en secret; et son œil attendri
Trouve en eux, plus ou moins, sa douce ressemblance:
On voit qu'il va parler; on écoute en silence:

« Enfin, je vous rassemble, enfin je vous revoi,
» Vous long-tems séparés l'un de l'autre et de moi,
» Vous mes enfans, (dit-il), nés tous de mes trois
          filles,
» Qui sembliez déjà composer trois familles:
» Ah! n'en formez plus qu'une; ah! ne vous quittez plus,
» Je sais..., car dès long-tems, dans tous vos cœurs je lus,
» De vos travaux je sais quelle est la différence;
» Je connais de vos goûts la fière indépendance,
» Et ne veux point gêner, réprimer vos penchans:
» Le Génie est bien loin d'enchaîner ses enfans:
» Mais si, par fois, vos goûts, vos travaux vous éloi-
          gnent,

» Qué mille autres motifs, tôt ou tard, vous rejoignent;

» Ouvrez les yeux, songez de qui vous êtes nés,

» A quel sublime emploi vous êtes destinés.

» Le Ciel, qui vous à tous envoyés sur la terre,

» A su vous imprimer le même caractère.

» Celui qui du Soleil mesure la hauteur,

» N'en admire pas mieux son immortel auteur,

» Que celui qui démêle un insecte, un brin d'herbe.

» Oui, du faible arbrisseau, jusqu'au cèdre superbe,

» Tout est le digne objet de vos travaux divers :

» L'un répand les trésors que l'autre a découverts ;

» Celui-ci sait les peindre, et celui-là les chante :

» Tous remplissent, enfin, la mission touchante

» De rendre les humains plus heureux et meilleurs,

» De propager par-tout les talens et les mœurs,

» Et de faire en tous lieux honorer le Génie.

» Qu'entre vous désormais règne cette harmonie,

» Cette fraternité : sans doute, un tel accord

» Ne doit pas pour vos cœurs être un pénible effort

» Qu'il va vous être utile !.. oui, cet aimable échange,

» Ce commerce, non pas de flatteuse louange,

» Mais de sages avis, de critiques sans fiel,

» Rendra communs à tous ces heureux dons du Ciel,

» Dépôt cher, précieux, qu'en vos mains je confie.

» Inséparable alors de la Philosophie,

» La Science, du Goût formant les nourrissons,

» Recevra d'eux, pour prix de ses doctes leçons,

» Ce charme qui lui manque, et qu'ils ont en partage.

» L'un par l'autre, en un mot, vous vaudrez davan-
   tage,

» Et la gloire d'un seul, rejaillira sur tous.

» Que le monde, ravi d'un spectacle si doux,

» Riche, heureux de vos dons, de vos expériences,

» Vous bénisse à jamais sous le nom de Sciences,

» Et qu'un seul Institut.... » Ici de son discours
La tendresse et la joie interrompent le cours.
Tous, d'un seul mouvement, se lèvent, et s'embras-
   sent.
Tous les cœurs sont émus, tous les bras s'entrelacent.
Ils s'observent l'un l'autre avec ravissement,
Se demandent entr'eux par quel enchantement,
Sans se voir, sans s'aimer, si long-tems on put vivre.
Doux effet des transports auxquels chacun se livre!
On eût vu la Science et les Arts se chercher,
Algèbre et Poésie enfin se rapprocher,
Et pour dire encor plus, la fière Astronomie,

A l'humble Botanique offre une main amie.

Dans ce désordre aimable, on sait se démêler,

Se reconnaître encor; mais loin de s'isoler,

On jure au nom du Ciel, et devant le Génie,

De ne former jamais qu'une famille, unie

Par l'amour du travail et de la vérité,

Par le respect des mœurs et par l'humanité;

De se chérir toujours comme égaux, comme frères,

Et tout en admettant des liaisons plus chères,

De n'avoir tous qu'un cœur, et par divers chemins,

De tendre au même but, au bonheur des humains.

LE POËTE ET SON JARDINIER,

DIALOGUE (*).

LE POETE.

Eh! c'est toi, Mathurin?

LE JARDINIER.

Moi-même.

LE POETE.

Toujours gai,

Je vois?

LE JARDINIER.

Un Jardinier doit l'être au mois de Mai.

LE POETE.

Mais tu l'es en tout tems.

LE JARDINIER.

Et vous, notre bon maître,

Toujours pensif, rêveur!... Si je puis m'y connaître,

Vous avez du chagrin? Oh ça! de bonne foi,

Croirait-on bien qu'ici le plus joyeux, c'est moi?

---

(1) Cette pièce n'a été lue qu'en séance particulière. Comme j'y parle un peu de moi, je ne voulus pas la lire à la séance publique. J'espère que le Lecteur me pardonnera de la lui offrir.

LE POETÉ.

Eh ! pourquoi pas , mon cher ?

LE JARDINIER.

Etant ce que vous êtes,
Cependant. .'... au village on sait ce que vous faites;
C'est de la Comédie, et je ne suis qu'un sot,
Ou ,comme moi, chacun entendra par ce mot
Quelque chose de gai, de plaisant, qui fait rire;
Or je ne comprends pas, puisqu'il faut vous le dire,
Comment vous faites rire, en ne riant jamais.

LE POETE.

Jamais ?...

LE JARDINIER.

Ou rarement.

LE POETE.

Je suis sérieux; mais...

LE JARDINIER.

Franchement, sérieux est bien voisin de triste ;
Tenez; vous avez fait.... comment donc ? l'*Optimiste* ?
C'est comme qui dirait l'homme toujours content ;
Moi, je suis bien cet homme; en diriez-vous autant ?
Vos ouvrages et vous ne vous ressemblez guères ;
Ici, tous les enfans ressemblent à leurs pères...

LE

LE POETE.

Fort bien. Mais tu crois donc la Comédie un jeu,
Pour celui qui la fait? Tu te trompes un peu.
Puisque nous en parlons, il faut que je t'explique,
Mathurin, ce que c'est qu'un Poëte comique.

LE JARDINIER.

Très-volontiers.

LE POETE.

Ecoute.

LE JARDINIER.

Allez ; j'écoute bien.

LE POETE.

Le Poëte comique est un homme de bien,
Qui de vices, sur-tout de travers innombrables,
Voudrait tout doucement corriger ses semblables;
Va-t-il d'un magister prendre l'air imposant ?
Au contraire; il annonce un spectacle amusant ;
On y court. Il présente alors maint personnage ;
Chacun parle, ou du moins doit parler son langage ;
Quelquefois vicieux, ridicule souvent ;
Et tel des spectateurs, dans ce tableau vivant,
Pour peu qu'il le voulut, pourrait se reconnaître,

C

Mais reconnaît plutôt ses voisins, qui, peut-être,
Lui rendent la pareille, aveugles comme lui.

LE JARDINIER.

C'est donc comme chez nous ? chacun y rit d'autrui.

LE POETE.

Oui ; mais tout en riant, au fonds la comédie
Marche droit à son but, avec art s'étudie
A corriger les sots, les fripons, les méchans ;
Et n'amusant jamais que les honnêtes gens,
Avec l'air du plaisir qu'elle promet et donne,
A le secret d'instruire aussi-bien que le prône...]

LE JARDINIER.

Je commence à comprendre ; et même, à ces sermons,
On ne dort pas, je gage ?

LE POETE.

Eh ! non, quand ils sont bons.
Ce que tu prenais donc pour un vain badinage
Est plus rude cent fois que votre jardinage,
Veut un plus long travail.

LE JARDINIER.

A-t-on rien vu d'égal ?
Vous donnez du plaisir, et n'avez que du mal.

Oh! cette comédie est vraiment singulière.

LE POETE.

Je crois t'avoir parlé quelquefois de Molière,
Mon maître, mon modèle....

LE JARDINIER.

Oh! oui, je m'en souvien,
Et vous m'en avez lu; cela m'amusait bien.
A ce qu'il me paraît, c'était un habile homme,
Jamais je n'oublierai son *Bourgeois Gentil-homme*,
Qui veut, à soixante ans, rapprendre l'alphabet;
Et sa servante!... Enfin, croiriez-vous que Babet,
Quand par hasard encore elle songe à Nicole,
Fait ni plus ni moins qu'elle, et rit comme une folle?

LE POETE.

Oui ?

LE JARDINIER.

Ce Molière-là devait être bien gai ?

LE POETE.

Il étoit sérieux au contraire.

LE JARDINIER.

Est-il vrai ?

LE POETE.

Mélancolique même. Au fonds du cœur, sans doute,

Il ressentait ce charme et ces douceurs que goûte
L'honnête homme qui voit, qui sent la vérité;
Mais rien dans ses discours n'annonçait la gaîté;
Et c'est le seul côté par où je m'en rapproche.

LE JARDINIER.

On ne vous aurait pas jadis fait ce reproche;
Car je vous ai connu bien plus gai qu'aujourd'hui.

LE POETE.

Peut-être en mon jeune âge ; il s'envole ; avec lui,
L'heureuse insouciance, et l'enjoûment folâtre.
O ! combien le chemin qui conduit au théâtre
Est escarpé , pierreux, de ronces hérissé !...

LE JARDINIER.

On applanit, ratisse, arrache.

LE POETE.

Eh! oui, je sçai
Que rien ne te résiste.

LE JARDINIER.

Oh ! cela, je m'en pique.

LE POETE.

Mathurin, tu n'es pas un poëte comique.
C'est le plus rude état qui soit au monde entier:
Et je retournerais à cet ingrat métier !

J'aimerais mieux sans cesse arracher ronce, ortie...
C'en est fait; plus de vers, et plus de comédie.

LE JARDINIER.

Plus de vers?...Oui! que j'aille, en un dépit soudain,
Jetant bêche et rateau, crier : *Plus de jardin !*...
Il faut que vous rimiez, comme il faut que je plante.
J'ai bien encor pour vous une idée excellente.
Mais je n'ose...

LE POETE.

Pourquoi ?

LE JARDINIER.

Sur un sujet pareil,
Il n'est pas trop aisé de donner un conseil.

LE POETE.

Parle toujours.

LE JARDINIER.

Hé bien, dans le fonds de mon ame,
Je vous souhaiterais...

LE POETE.

Eh ! quoi donc ?

LE JARDINIER.

Une femme.

LE POETE.

Une femme ?

C 3

LE JARDINIER.

Oui , vraiment ; c'est ce qu'il vous faudrait.
De l'ennui , du chagrin cela vous guérirait.
Ah ! l'homme n'est pas né pour vivre solitaire.
Vous nous parliez d'un *Vieux Cele...*

LE POETE.

Célibataire ?

LE JARDINIER.

Ah ! oui : vous y donnez une forte leçon
Pour que l'on se marie, et vous restez garçon !
A tous vos beaux discours on ne se fiera guères !
Vous faites des sermons ; oui ; mais de vos confrères
Vous suivez donc l'exemple, et comme eux vous trichez,
Car vous ne faites pas ce que vous nous prêchez....

LE POETE.

Je m'étais déjà fait ce reproche à moi-même.

LE JARDINIER.

Il est si doux d'avoir quelqu'un , là , qui nous aime!
Vous avez le cœur bon, et vous resteriez seul ?

LE POETE.

J'aurai mes sœurs; ton fils n'est-il pas mon filleul ?

LE JARDINIER.

Ce n'est pas votre enfant.

LE POETE.

Les pièces que j'ai faites,

Ce sont-là nos enfans, à nous autres Poëtes.

LE JARDINIER.

Ceux-là ne disent mot, et ne caressent pas.

Vous aimez à jouer avec les miens. Hélas !

Vous verriez d'un autre œil cette chère campagne,

Si vous la partagiez avec une compagne ;

Si vous aviez sur-tout l'espoir de la laisser

A vos enfans ; alors, soit dit sans vous blesser,

Au lieu de peupliers, vous planteriez des chênes.

Mais bon! je pers le tems en remontrances vaines.

Vous ne m'écoutez pas ; vous rêvez...

LE POETE.

Eh! oui, tien ;

Je songe à mettre en vers ce naïf entretien.

LE JARDINIER.

En vers? c'est trop d'honneur que vous voulez me faire.

LE POETE.

Un Poëte, bon homme au fonds, quoique sévère,

Boileau..., mais le pourrai-je imiter sans orgueil ?

A su rendre immortel son Jardinier d'Auteuil,

Antoine, en lui parlant dans une belle épitre ;

A l'immortalité je n'ai pas même titre ;

C 4

Mais tu vivras, du moins, aussi long-tems que moi.

LE JARDINIER.

C'est tout ce que je veux. *Mathurin* peut, je croi,
Figurer dans un vers tout aussi-bien qu'*Antoine*.
Mes enfans n'auront pas de moi grand patrimoine;
Mais on dira: leur père, homme franc, sans chagrin,
Etoit le Jardinier du bon....

LE POETE.

Eh! Mathurin,
Qu'importe ce qu'un jour de nous on pourra dire ?
Soyons heureux et bons; cela doit nous suffire.
Mais, adieu; car tes yeux ont besoin de sommeil.

LE JARDINIER.

Bonsoir, Monsieur; songez à mon petit conseil:
Le hameau tout entier par ma voix vous invite.

LE POETE.

Hé bien, j'y penserai.

LE JARDINIER.

Pensez-y donc bien vîte.
Il s'agit du bonheur, et les momens sont chers ;
Des vers, une femme....!

LE POETE.

Oui ? commençons par les vers.

L'HOMME ET SA CONSCIENCE,

DIALOGUE.

LA CONSCIENCE.

Enfin, te voilà seul, et je veux te parler.

L'HOMME.

Qu'entends-je?..

LA CONSCIENCE.

Ecoute-moi.

L'HOMME.

Mais qui vient me troubler,
Triste comme je suis?..

LA CONSCIENCE.

Eh! c'est pour cela même,
Lorsqu'on sent une peine, un embarras extrême,
Que l'on souffre en secret, c'est alors que je vien.

L'HOMME.

Laissez-moi.

LA CONSCIENCE.

Vainement tu fuis cet entretien:
Te voilà malheureux! il faut que tu m'entendes;
Il faut que dans ton cœur, avec moi tu descendes.

L'HOMME.

Eh mais.... qui donc es-tu, Génie, Ange ou Démon ?

LA CONSCIENCE.

Ton bon Ange, en effet....

L'HOMME.

Hé bien, parle, ton nom ?...
Oui, ton nom ? car c'est trop lasser ma patience.

LA CONSCIENCE.

Puisqu'il faut me nommer, je suis ta Conscience.
D'où vient que ce seul nom te cause un tel effroi,
Quand tu n'as point d'ami plus fidèle que moi ?
Allons, de ta journée il faut me rendre compte...
Au front voilà déjà le rouge qui te monte !..
Tant mieux : cette pudeur marque un assez bon fonds ;
J'espère encor de toi ; rougis, soit, mais réponds.

L'HOMME.

De quel droit ? à quel titre ?...

LA CONSCIENCE.

Eh ! demande inutile !
Pour ton propre intérêt, sois confiant, docile ;
Et, puisque tu m'as su mille fois éprouver,
Ne me conteste plus le droit de te sauver.

L'HOMME.

Me sauver, dites-vous ?... et de quoi ?

LA CONSCIENCE.

Tu l'oublies,

Ingrat !... de mille excès, et de mille folies,

De toi-même en un mot : tu n'es point un méchant;

Mais je démêle en toi plus d'un fatal penchant,

Qui te rend mes secours, mes leçons nécessaires;

Va, je te connais bien : et tiens, soyons sincères;

Ne t'ai-je pas surpris désirant, espérant,

Ou l'exil d'un rival, ou la mort d'un parent ?

Que sais-je ?...

L'HOMME.

Quoi! me faire un crime de pensées,

Qu'en y réfléchissant, j'ai bien vîte chassées ?

LA CONSCIENCE.

Et ces réflexions, qui te les inspira ?

Que d'actions, d'ailleurs...!

L'HOMME.

Allons!.. nous y voilà

De la morale...!

LA CONSCIENCE.

Eh bien!.. la mienne est saine et pure,

Mais toute simple ; oui, c'est la loi de la Nature.

Un Dieu, de bonnes Mœurs, la douce Humanité,

C'est mon seul cri.

L' H O M M E.

J'en sens toute la vérité,

Et n'ai point, grace au Ciel, de principes contraires :

Je crains Dieu, j'ai des mœurs, et je chéris mes frères.

L A C O N S C I E N C E.

Bon : d'après ton aveu, te voilà donc parfait.

Ce qu'on paraît, souvent, on croit l'être, en effet,

Tu crains Dieu, me dis-tu, je consens à le croire :

Mais est-il quelquefois présent à ta mémoire ?..

Prends garde ; car je suis dans le fond de ton cœur :

Bénis-tu, chaque jour, ton immortel auteur ?

T'ai-je entendu, jamais, célébrer sa puissance ?

Ressens-tu le besoin de la reconnaissance ?

N'est-ce pas l'effroi seul qui t'arrache un, *ah ! Dieu ?*

Répond.

L' H O M M E.

Il est bien vrai que j'en parle très-peu.

L A C O N S C I E N C E.

Est-ce de longs discours qu'un tel sujet réclame ?

Je ne voulais qu'un mot, qu'un simple élan de l'ame :

J'en dirais trop moi-même : au nom de l'Eternel,
Mets la main sur ton cœur, et regarde le Ciel;
Il suffit. Mais parlons de tes mœurs, mœurs si pures !
Et l'on n'en peut douter; car c'est toi qui l'assures.

L'HOMME.

Je me pique en effet...

LA CONSCIENCE.

J'entends ; de goût, d'honneur,
De délicatesse, oui ; mais en es-tu meilleur ?

L'HOMME.

Eh mais, je ne vois pas de quoi je suis coupable ;
De scandale, d'excès je me sens incapable :
Quel mal fais-je, en un mot ?

LA CONSCIENCE.

J'admire en vérité
Ton air de confiance et de sécurité.
Mais tu ne crains donc pas qu'ici je te reproche,
Ta hauteur, ton dédain pour tout ce qui t'approche,
Des gens de bien, d'honneur, lâchement délaissés,
Et les heureux du jour sans pudeur encensés ?..
Telle femme, à ta foi qui s'était confiée,
Pour un moins digne objet bientôt sacrifiée,

Et cette double soif du plaisir et de l'or,
Et. ...

L'HOMME.

Vous ne passez rien.

LA CONSCIENCE.

Que de fautes encor
Je pourrais !.. j'en ai dit assez pour te confondre.
Quel mal fais-je, dis-tu ? ... J'aurais pu te répondre ;
« Mais quel bien as-tu fait ?... avec tant de moyens,
» En quoi sers-tu l'état, et tes concitoyens !..
» Au moindre sacrifice as-tu su te résoudre ?..
» Sur-tout... car à ce prix de tout je puis t'absoudre :
» As-tu senti la tendre et touchante pitié ? »

L'HOMME.

Oui, certes ; mille fois j'ai servi l'amitié !

LA CONSCIENCE.

Est-ce là me répondre ?.. Obliger ce qu'on aime,
Ce n'est point un bienfait, c'est se chérir soi-même :
Laissons-là tes plaisirs ; ces plaisirs qu'entre nous,
Tu dépouilles encor du charme le plus doux,
Du secret ; tu ne sais obliger qu'avec pompe.

L'HOMME.

Je n'ai rien dit pourtant...

LA CONSCIENCE.

Ce n'est pas moi qu'on trompe.

Grace à ta modestie, on ne l'a que mieux su :

Tu fuis; mais en fuyant , tu veux être apperçu.

Parlons des vrais bienfaits. As-tu, dans le silence ,

Consolé l'infortune , assisté l'indigence ?

L'HOMME.

Quel bien ferais-je ? hélas ! moi-même ayant si peu,

Presque pauvre ?...

LA CONSCIENCE.

Toi, pauvre ?... y paraît-il , bon dieu !

Qu'on te propose un bal, une fête , un spectacle;

Alors, ta pauvreté n'est plus qu'un faible obstacle:

Ainsi pour tes plaisirs tu ne manques de rien,

Et n'es pauvre jamais , que pour faire du bien.

L'HOMME.

Vos reproches sont durs.

LA CONSCIENCE

Les vérités t'offensent.

J'ose te dire , moi, ce que tes amis pensent.

Hier, à ce repas , je te criais en vain:

« Songe aux infortunés qui périssent de faim ».

Cruel, étrange oubli !.. mais sur l'heure on l'expie:

J'ai gâté tous tes mêts , comme une autre Harpie.

Ce devoir me regarde , et je le remplirai ;

Et, loin de me haïr , tu dois me savoir gré

De ces regrets cuisans, de ces momens d'angoisse :

Ils empêchent, du moins, que le mal ne s'accroisse.

Songes-y bien : ce frein qu'en frémissant tu mords,

Peut devenir pour toi l'aiguillon du remords.

Ce mot t'effraie ? ah ! crains la chose ; entends l'orage,

Qui commence à gronder dans le lointain.

L'HOMME.

Courage !

Grondez, puisque pour vous c'est un si grand besoin.

Mais il est... et j'en puis citer plus d'un témoin,

Des Consciences, là, d'un meilleur caractère,

Que l'on fait, à son gré, parler ou bien se taire ;

Avec qui, tôt ou tard, on peut s'accommoder ;

Le prodigue à la sienne a su persuader

Qu'il était généreux , et l'avare économe ,

Le lâche un esprit doux : tel s'érige en grand homme,

En profond politique, et n'est qu'un intrigant ;

Tel se dit un héros, qui n'était qu'un brigand.

Même en se repaissant de vengeances , de haines,

On se croit au-dessus des faiblesses humaines,

Aussi,

Aussi, voyez leur air et tranquille et serein;
Ils semblent n'avoir tous scrupule ni chagrin :
Avouez-le, et croyez à tant d'expériences,
Pour une vraie il est dix fausses Consciences.

LA CONSCIENCE.

Voudrais-tu par hasard, que la tienne le fût,
Et qu'à ton gré, sa voix ou parlât ou se tût ?
Pour ton bonheur, plutôt, je suis incorruptible.

L'HOMME.

Encor si vous étiez un peu moins inflexible !

LA CONSCIENCE.

Tu crois donc qu'il en est qui se laissent fléchir,
Que d'un joug incommode habile à s'affranchir,
Avec sa Conscience, un beau jour on s'arrange ?.
Je sais bien qu'on le dit, et ce systême étrange,
Plairait fort je l'avoue à de certaines gens :
C'est le dernier recours, c'est l'espoir des méchans.
Vain refuge ! au silence on ne peut nous réduire,
On ne peut nous tromper, encor moins nous séduire.
Ces heureux, que tu crois dans un calme profond,
Regarde, le contraire est écrit sur leur front.
Leurs soucis, leur pâleur, et cette inquiétude,
Et cette peur que tous ont de la solitude,

D

Tout décèle le trouble et l'effroi de leur cœur ;
Je sais qu'on répondra par un rire moqueur.
En un vain tourbillon, oui, sans doute on s'agite,
On s'étourdit... que sais-je ?.. un moment on s'évite ;
Mais à sa Conscience on ne peut échapper.
D'une funeste erreur je veux te détromper.
Ce sommeil, ce néant, qu'invoque le coupable,
Serait pour tes pareils un malheur véritable,
Non, tu n'en es pas là, j'en réponds ; et tu peux
Te réconcilier avec moi, si tu veux.

L'HOMME.

Si je le veux ?.. ah ! oui ; j'en fais l'aveu sincère :
Je ne puis avec vous être toujours en guerre :

LA CONSCIENCE.

Eh bien ! faisons la paix : je te l'offre.

L'HOMME.

A l'instant,

De moi-même déjà je suis moins mécontent.
Vous m'avez soulagé.

LA CONSCIENCE.

Tu fuyais mes approches,

Pourtant ! crains mon silence et non pas mes reproches,
Préviens-les donc, sois juste ; et satisfait de toi,
Tu ne craindras jamais d'être seul avec moi.